AF434221

وُلِدَتِ بولا بولس ربيز في لبنان لأبٍ كاتب وشاعر، وصاحب أوَّل مدرسة مختلَطة في بيروت، وأمٍ معلِّمة لِلُّغات الأجنبية.

درسَت في الجامعة الأمريكية في بيروت، وحازت على بكالوريوس في العلوم السياسية، ومِن ثَمَّ حازت على شهادة الماجستير في العلاقات الدولية والدراسات الإستراتيجية مِن جامعة كينغز كولدج لندن.

ترعرعَت على حبِّ الأدب والشِّعر والفلسفة، وعِشق اللغة العربية.

انتقلَت للعيش في الإمارات في 2008، وتعمل في إدارة الأعمال، وهي مجازة مِن مدينة دبي للإعلام ككاتبة وصحافيَّة.

الإهداء

إلى الشاعر والكاتب والأديب والمربّي الفاضل (بولس ربيز).. أُهدي هذا الكتاب.

إلى روح أمي الحنون، والمربّية الفاضلة.. أُهدِي هذا الكتاب.

إلى صخرتي وسَندي.. عائلتي، زوجي وأولادي.. أُهدِي هذا الكتاب.

إلى أصدقائي وقُرَّائي الأحبَّاء.. شكرًا على حبِّكم وثِقتكم.

بولا بولس ربيز

أهيم في مدن هزمها سواد عينيك

AUSTIN MACAULEY PUBLISHERS™
LONDON • CAMBRIDGE • NEW YORK • SHARJAH

أهيم في مدن هزمها سواد عينيك

كانت الحرب تلملم أذيالها أواخر التسعينيات، وكنَّا أنا وأمي نذهب مشيًا مِن بيتنا إلى بيت جدتي، وشاء القدر أن يضع في طريقي ثلاث محطَّات لتنمية عشقي.

أول محطَّة تصادفك هي المحل القديم للسمانة، وفي الداخل رفوف مجلَّات وكُتُب منسيَّة.

ما زال صوت أمي يرنُّ في أذني: "لا تكوني عنيدة، هنالك مكتبة إسكواير، ومكتبة أنطوان عند مفرق بيت جدَّتك".

كل هذا وأمي تمسك بيدي تقرِّر مصير الطريق، كَوني صغيرة البيت والمدلَّلة الكبرى.

انصاعَت أمي إلى رغبتي ودخلنا، ولطالما شعرتُ أنَّ تلك الكتب المنسيَّة والمجلات القديمة بحاجة إلى الحب والحنان.

كنتُ أعطي كلًّا منها الحبَّ والحنان والبيت الآمِن.

حفظتُ المجلات والكتب في قلبي وعقلي، وأعطيتُها الأمان،
وأنسيتُها ويلات الحرب.

كنَّا نُبحِر يوميًّا إلى عالَم آخَر، ونزور بلدانًا متعدِّدة.

كبرتُ وسافرتُ إلى وطني الثاني، وكردٍّ لجميل تلك الكتب
قمتُ بكتابة كتاب يأخذ القارئ في جولة إلى عالم العشق.. الحب
والمستحيل.

مقدمة

لماذا نكتب؟ سؤال قضيتُ عمري أحاول الإجابة عنه.. حالات عشقية عديدة انتابتني خلال هذه السنوات، فتارة أحرق أوراقي في المدفأة، وتارةً أخرى أمزّقها.

كنتُ أكتب مكوّنات وجداني، وأفرغها كلَّها على أوراق تضيع على مرِّ الزمن، هل نَكتب لنحيَا؟ أم لنعشق؟ أم لنرقص؟ أم لنضحك؟ أم لننسى؟

مع كلِّ شعرٍ أو نثر تراني أجمع فلاسفة الإغريق وشعراء العرب في داخلي، فسقراط يؤمن أنَّ الكتابة ليست أفضل مِن الكلام، وأفلاطون يؤكِّد أن الكتابة سبيل إلى الحكمة.

تتسارع اللوحات في داخلي، ويسافر عقلي بين كروم إيطاليا وفنادق فيينا.

هو ليس سؤالًا واحدًا بل عدَّة.. أكتب لِمَن؟ أين؟ كيف؟ متى؟ والشاعرة في داخلي تحاول الخروج مِن سِجنها، تحاول الزحف على الورق، وأنا خائفة أن يلمحها أحد.

وهل فن الكتابة عشقٌ أم انتقام؟ هل نكتبه أم يكتبنا القَدر في صفحات ليست مِن اختيارنا في عشقٍ ليس لنا؟

وهل إذا كتبتُ أكتبَ سلامًا، أكتبَ عشقًا؟ هل أستطيع مَسح دمعة أو جبر خاطر؟

وهل نكتب لنغيِّر القدر أم يغيِّرنا القدر حين نكتب؟

لنفكِّر سَوِيًّا قُرَّائي الأعزاء.. توًّا التقَينا، فهل ألقَى الكتاب علينا فِعل التعارف؟ هل جعلتنا أصدقاء كلمة؟

كتب كلٌّ مِن نزار قباني وجبران خليل جبران وجع الغربة، وكانت مؤلَّفاتهم جِسر العبور إلى عالمٍ عربي مثالي.

كتب عنترة عشقًا بثغر عبلة المبتسم، وكتب قيس حبَّه العذري لليلى، وكتب المتنبي كرهًا لكافور، وكتب ميخائيل نعيمة سني عمره، وكتب أبو القاسم الشابي ثورته وإرادة الحياة، أمَّا زهير بن أبي سلمى فكتبَ سقمه للحياة.

إذًا لحن نكتب مشاعرنا، ونكتب وجعنا، ونكتب انتصارنا، ونكتب هزيمتنا، وفوق كلِّ ذلك نكتب حياة، ونذوب عشقًا.

مِنَّا مَن يغنِّي، ومِنَّا مَن يرقص، ومِنَّا مَن يرسم، يكتب رجال الأعمال شغفهم بصفقات، ويكتب المهندسون عشقهم بأبراج شاهقة، ويكتب الأطباء رسالتهم بإنقاذ حياة مرضاهم، ويكتب المحامون لموكِّليهم فرصة أخرى.

كلُّنا نكتب لئلَّا يكتبنا القدر، فإذ بالكتابة تصبح فِعل نجاة ووسيلة لنحيا بطريقتنا واختيارنا.

نكتب لنحيا، ونحيا لنكتب، ونرقص ونحب ونحزن ونفرح ونقطر الحياة ما بين بين.

فإذا أقررنا أنَّنا نكنب لنحيا بقي السؤال المِلحُّ: ماذا نكتب؟

أجمل ما في القلم أنَّه يترك لنا اختيار ماذا نكتب، ونترك نحن له قرارًا متَّى يجف حبره.

أروع ما في الصفحات البيضاء أنها تنتظرنا، فلنكتب إذا قصصَ عشقٍ تلائمنا، فلنكتب انتصارات وهميَّة على الورق.

هيَّا نحيا عشقًا وسلامًا، إن كتب القدَر مسودة لا تلائمنا فلنكتب ألف رواية مِن اختيارنا، وإن اختفَتِ الأوراق وذابت الأقلام فاكتبوا، لَن نطلب إذْنَ أحدٍ؛ فهي قصتنا وهي ملكنا ولنا.

لنركَن خوفنا وشكوكنا جانبًا، ولنترجَّل صَوب ذاك القدر الجميل، نمشي صوبًا بصوب مع خيلنا وليلنا وضحكة القمر.

إنِ انكسـرنا مرَّة لا يهمُّ، وإن وقعنا مرَّتين لا بأس، لنكتب نهوضنا بقلم مِن حديد، ولنخبئ أوراقنا مِن غدر الزمن، لنحمل هويَّتنا العربية بين حروفنا، ولنكتب نكتب نكتب.

مايسترو

جلستُ في الصفِّ الرابع

أتأمَّل

مايسترو

حرَّكَ يدَه اليُمنَى أذابني

حرَّكَ يدَه اليُسرى أحياني

بإشارةٍ مِن عصاه

يفقدُ القلبُ نبضةً

وتضيعُ خفقةٌ

وبإيماءةٍ مِن رأسِه

يتوقَّف دمي عنِ الدَّوران

مايسترو

أتراه رآني؟

أتراه لَمحَ لحنَ الحنينِ

الهاربَ مِن شَفتي

الخارجَ عن قانونِ عينَيه

واللاجئَ الأبدِيَّ إلى صدرِه

أرجعَتني نوتاتُه

إلى زمنٍ جميلٍ

فقدتُ وعيي

على ضجيجِ آلاتِه

وعندما فتحتُ عينيَّ

أدركتُ أنّي سجينةُ عينَيه

مع كلِّ مِفتاحٍ

أبيضَ أَم أسوَدَ تنطلقُ حياتي

أساورةُ خَصري مِلكُ يدَيه

الساحرتَين

أرقصُ على أوتارِ وجعي

أغنّي لحنًا بيروتيَّ الحنين

أشرقُ ربيعًا

أُمسِي خريفًا

وأهطلُ شتاءً بينَ يدَيه

وأفيقُ لأجدَ نَفسي

في مَقعدي لا زلتُ هنا

ولا زال مايسترو

المبتدأ والخبر

أنا الشِّعرُ والنَّثرُ

أنا بيتُ القصيدِ

أسكنُ بينَ فواصلِ عينَيكَ

وهمزاتِ قلبِكَ

أنا أبجديةُ عينَيكَ

وكلُّ حرفٍ علَى كتِفِي

أنا اللغةُ والشِّعرُ والقمرُ

أنا الحبُّ والعِشقُ والمستحيلُ

لاجئٌ أنتَ في قواعدِ قلبي

أنا المبتدأُ والخبرُ

حملتُ أبياتَ شِعري علَى أهدابي

وغرِقتُ في بحورِ الشِّعرِ

أنا الشمسُ والبحرُ والملتقَى

ما لسيفِ عنترةَ علَى قلبِي وطِئَ

أنا العربيَّةُ الفينيقيَّةُ الفِرعونيَّةُ

قلبِي نقشُ حنَّة

سيمفونية عاشق عربي

هل يستطيع قلبٌ واحدٌ عزفَ آلافِ السيمفونيَّاتِ؟

أيستطيعُ قلبٌ واحدٌ استيعابَ كلِّ هذا الحبِّ؟

قلبٌ واحدٌ عشقَكَ

عِشقَ الشمسِ للصحراءِ

تغويني دائمًا الصَّحراءُ

بالوقوعِ في الحبِّ مرَّةً بعدَ مرَّة

وكلَّ مرةٍ أنتَ

كلَّ همسة

لمسة

دمعة

أنت

وبرمشةِ عينٍ

أتسلَّقُ تلك الشَّجرة

كَم تراني انتظرتُكَ علَى جزعِها

كَم تراني تظاهرتُ باللَّعِبِ

خوفًا مِن طفلٍ يأخذُ مكاني على ذاكَ الغصنِ

ولَم تأتِ

وبِرمشةٍ أخرَى

أفقتُ علَى سفينةٍ خشبيَّة

وأشرعةٍ عملاقة

لَطالما انتابَني خوفٌ مِن السُّفنِ

أكانت حقًّا ما يخيفني؟

أم كنتُ أهيبُ الوصول؟

تلك الأنثَى التي يجري صوتُك في دمِها

وتسكنُها عيناكَ

أكانت تخشَى محطَّةَ الوصول؟

رُبَّما كان عِشقَ البدايات

ربما كان ألَمَ النِّهايات

أو كانت رهبةَ العيونِ السُّود

يا مَن كُنتَ قدَري

كتبتُكَ بشرايينِ قلبِي

علَى شجرةِ الزَّيتون

عساكَ تُنبِتُ عشقًا ولهفة

في حبِّ الصحراءِ

قيل إنَّ الشَّمسَ

وقعَت في حبِّ الصَّحراءِ يومًا

فأنبتَت فرسانًا

إنَّ البَحرَ

أُغرمَ بسفُنِ الصيَّادين

فتلألأَ لؤلؤًا

وعلى صهوةِ الحصانِ العربيِّ

مع كلِّ خُطوةٍ

ناطحةُ سحابٍ

تقفُ إجلالًا

في حبِّ دبَيّ

قِيلَ وقِيلَ

قلبٌ بآلافِ القلوب

عينٌ ساهرةٌ لا تنامُ

وعشقٌ مستديمٌ

في حفنةٍ مِن رمالِها

آمالُ سبعِ قارَّاتٍ

وفي هبةٍ مِن صحرائِها

بيوتُ الشِّعرِ

ونخوةُ العشقِ

غازِلني

كما يغازِلُ شَعري الأسوَدُ خَصرِيَ النَّحيل

غازِلني

كما يغازِلُ سوادُ الكحلِ العينَ

استعِر مِنَ الحبّ بعضَ الغزلِ

أسالَ الوردُ بِضعَ قطراتٍ مِن العطرِ

غازِلني

كليلةٍ صيفيَّة

كحُلمٍ باريسيٍّ قديم

غازِلني

فالعيونُ العربيَّةُ لا تحيَا مِن دونِ غزلٍ

والخدودُ الشرقيَّةُ لا تحمرُّ إلّا مِن الخجلِ

غازِلني بِلُغَةِ العيونِ

عندما أرقصُ بفستانِي الأحمرَ

تحتَ النَّخيل

رجل يخاف العوم

دَع خيالَكَ يُبحِرُ في بحرٍ مِن الأحلام

يكادُ الشِّراعُ يصرُخُ ما بالُكَ يا رجل؟!

أنسِيتَ السفينةَ وربَّانَها؟!

مالي ومالُ الموجِ؟!

أحببتُ رجلًا يخافُ العَومَ

أقضي حياتي في السفينةِ أنتظِرُ

يأسرُني صوتُ السيدةِ فَيروز

"أنا لحبيبي وحبيبي إلي"

لا يا سيدتي.. حبيبي أنا وأنا هو

أشمُّ رائحةَ عطرِكَ تمتزجُ بهواءِ المرسَى

وحنينُ وصالِكَ أقوَى وقعًا

يا أيُّها البَحَّارُ ألقِ مرساتَكَ واتبعني

تاهَت سُفُني في عينَيكَ وأنتَ لا تُبالي

خُذني إلى حنانِ وصالِكَ

فسَفينَتي نَسِيَتِ اسمي وشِراعي يحنُّ إليكَ

أهيم في مدنٍ هزمَها سواد عينيك

يا دمعةَ الحنين

يا عُمرَ العُمر

أفديكَ روحي يا وريدَ العين

يا رجلًا يتربَّعُ علَى شرايينِ الشَّرايين

أهيمُ في مدنٍ هزمَها سَوادُ عينَيكَ

أزورُ قصورًا مِن العشقِ

وأغرقُ في سوادِ العيونِ العربيَّة

يا وجعَ الوجدانِ

يا دمعَ الرُّوح

اسكُب لي كأسًا مِن العشقِ

ولْنشربْ نخبَ انتصاراتٍ مستحيلة

أسترجعُ أوَّلَ لحظةٍ في حضرةِ حبِّكَ

على حصانِكَ العربِي
وشَعرِكَ العربيّ العنيد
والعيونُ السُّودُ تتمرَّدُ على ضَعفي وحَيرتي

العيونُ التي تبنِي وتهدُّ
تحزنُ وردًا
وتبكي بحرًا

أصِل دائمًا متأخِّرة

بضعُ ثوانٍ وتبدأُ

مبارزةٌ مصيرية

كانت تعرفُ أنَّها خاسرةٌ

تحملُ أوهامَ وأوجاعَ مَن سبقُوها

مهما يكن تموتُ في أرضِ المعركةِ واقفةً

كانَ مِن المفترضِ أن تكونَ اللُّعبةُ نزيهةً

أن يمتلئَ المسرحُ بالممثِّلين

أن تحاربَ مع فريقِها

اختارَ القدَرُ أن يضعَ لها نهايةً مفاجِئَة

اختارَ أن يضغطَ علَى جُرحِها الذِي ينزفُ

أن يسرقَ قطراتِ دمِها

أن يجعلَها تدمِّرُ ذاتَها

لكِن

بِضعُ ثوانٍ كافيةٌ للنَّظرِ في وجهِ منازِلِها

ذاكَ الصَّوتُ الدَّفينُ

كانَ لها

أكانَ قدَرُها أن لا تحاربَ؟

كيفَ تُؤخَذُ القراراتُ المصيريَّةُ بثوانٍ؟!

نموتُ ونعشقُ بثوانٍ

نخسرُ ونربحُ

نُولَد ونلِدُ ببضعِ ثوانٍ

أيضيعُ عمرُنا وتبقَى الثَّواني؟!

ارمِني ببضعِ ثوانٍ

نلقِ على بعضِنا فِعلَ التَّعارفِ

أقرِضني حفنةً مِن وقتِك

أُخبِرْك أنِّي ملكةُ الثَّواني

أصلُ دائمًا متأخِّرةً

هلِ تُعيرُني شمَّةَ عطرٍ

أُصَبِّرُ نفسي بها على غيابِك؟

عذرًا سقط قلبي سهوًا

عذرًا.. سقطَ قلبي سهوًا

قضيتُ حياتي أكتبُ

لرجلٍ لا يتقنُ قراءةَ العيونِ

عذرًا.. سقطَ الهوَى غفلةً

مِن همسةِ حنينٍ

ورحلةِ المستحيل

سنضحكُ يومًا

سنفرحُ

سننهضُ

سننتصرُ

سنمضي يومًا نحوَ الشَّمسِ

ننتشلُ الحياةَ مِن قلبِ المأساة

نحملُ قلوبَنا العربيَّة

وعيونَنا العربيَّة

وبخورَنا العربيَّ

وآمالَنا المنسيَّة

سنمضي يومًا

نحوَ أحلامِنا الشرقيَّة

وخيوطُ الشَّمسِ

تلمعُ في ثيابنا

عذرًا.. سقطَ الرمشُ طوعًا

بينَ ضمَّةِ الياسمينِ

ووجعِ الغائبين

نداعبُ الحياةَ يومًا

نسرقُ مِن الزمنِ

ثوانيَ ليسَت لنا

نترجَّى الحياةَ

أماني ليسَت لنا

عذرًا.. رفَّ الجَفنُ حبًّا

دقَّ القلبُ دمعةً

خذلَنا القمرُ يومًا

وأنصفَتنا الشَّمسُ دهرًا

ما همَّني إن كَتَبَتِ الحياةُ

قصةً لا تُشبِهُني

فقد كتبتُكَ قصصًا

علَى تنهداتِ وريدِي

وما همَّني

إن لاحَ حبُّكَ بينَ أوراقي

يا سيِّدي

يحقُّ للشَّاعرةِ

ما لا يحقُّ لِغيرِها

السعادة المؤجَّلة

أفتحُ بابَ خزانتي
المليئةِ بثيابٍ جديدة
لكلِّ قطعةٍ منهم
موعدٌ مع الحياةِ
أكانت تلكَ الخزانةُ
السعادةَ المؤجَّلة؟
لَم أُدرِك يومًا
أنَّ هذا الحبَّ منتهِي الصلاحية
أنَّ ذاك الموعدَ كانَ البارحة
أنَّ تلك الخزانةَ
تحتجِزُ أحلامي!
كم مِن كلمةِ حبٍّ استُشهِدَت
فِداءَ السعادةِ المؤجَّلة!

كم مِن حُلمٍ تاهَ دهرًا

فِداءَ السعادةِ المؤجَّلة!

كم قصةِ حبٍّ لَم تُكتَب

فِداءَ السعادةِ المؤجَّلة!

أهواك بلا ألقاب

أهواكَ بلا ألقاب

بلا مَرايَا

بلا عُنوان

تمازحُني السُّفُنُ

ويناديني الرَّحيلُ

والأشرعةُ المهرولةُ

أبدًا تغرِّبُني

إلى يميني مئاتُ السُّفُنِ

وإلى يَساري آلافُ الخيولِ

تركضُ في عينَيكَ

ورائِي النِّسيانُ

وأمامي امرأةُ الهروبِ

محاصَرةٌ أنا

أريدُكَ

بلا أوهامٍ

بلا ماضٍ

بلا شراعٍ

أنادِيكَ

صحراءُ أَم مطَر؟

غبارٌ أَم غيومٌ؟

أكتبُ فيكَ نهايتي

وأختِمُ أوراقي

بحبِّ رجلٍ يُشبِهُ

الحبرَ والورقَ

البحث عن شاعر مِن زمن الياسمين

هل هناك أجملُ مِن صفحاتٍ بيضاء

نملؤُها عشقًا ولهفةً

أكتبُ روزنامةَ حبّنا

بقلمٍ فضيّ الملامح

لا أكترثُ للأيامِ

ولا أتلفَّتُ للزَّوايا

أخبِّئُ نارَ شَوقي

وحبّي بينَ الأيامِ

وأصلي كي لا تراها تحترقُ

بأربعٍ وعشرين ساعةً مِن الهوَى

كلَّ يومٍ تحاصرُني رائحةُ الجلدِ

لتلك الروزنامةِ

تُذَكِّرُني بمكتبِكَ الجميلِ

بكُتبِكَ المنسيَّةِ علَى رفوفِ الزمنِ

ورائحةُ تبغِكَ مِن ذاكَ المدواخِ العتيقِ

تفوحُ حنينُ بيروتي اللهفة

أسترجِعُ ذكرياتِ خطِّكَ

وحروفُهُ المنسدلَةُ تعانِقُ الصَّفحاتِ

لقد وقعتُ في حبِّ لغةٍ

في عشقِ حروفٍ

في لهفةِ الحبِّ

ونسِيتُ أنَّكَ الكاتبُ

أنَّكَ تملِكُ الحبرَ

إنَّ قصةَ حبِّنا لا يُمكِنُ أن تُولَدَ

إذا لَم تكتُبْني

إذا لَم تلقِ علَيَّ فنَّ التَّعارُفِ

مشَيتُ في ذاكَ الدارِ الأندلسيِّ

بينَ القناطرِ المزخرفَةِ

أبحثُ عن ذكرى هنا وذكرى هناك

علَّني أجدُكَ خلفَ رفوفِ كُتُبِكَ

علَّني أجدُ دليلَ حبِّكَ لي

وما بينَ تلكَ الجموعِ الغفيرةِ

أمشِي كحَرفٍ علَى آلَتِكَ الكاتِبَة

حَرفٌ ينتظرُ فِعلَ التَّعارُفِ

أضيعُ في زوايا تلكَ الدَّارِ

أسألُ عنكَ تلكَ الجدرانَ

هل يا تُرى

لمَحَت تلك اللَّوحاتُ الأثريَّةُ لوعَتي؟

هل كانت خُطَّتُكَ أن تتركَ لي

خريطةَ الوصولِ إلى قلبِك؟

مِن أين أبدأ؟

أفتِّشُ لعبةَ الفلامنغو الراقصة

وأبحثُ خلفَ الزُّجاجِ المزخرَفِ

وأفتحُ تلك الواجهاتِ الزجاجية العملاقةَ

تَراكَ تختبئُ في تلكَ الدَّارِ

أدخلُ مكتبتَك المهيبةَ

وترحِّبُ بي تماثيلُ الفلاسفةِ الإغريق

تَراني أسألُهم إن لمحُوكَ

تَراني أكسرُ صمتَ الحجرِ فيهم

وهل يكفلُ حنيني وشَوقي

بكسرِ تلكَ التماثيلِ؟
أفتحُ كُتُبَكَ واحدًا تِلوَ الآخَر
شِعرٌ هنا ومسرحيّةٌ هناكَ
كُتُبُ الأخطَلِ الصغيرِ وجبران خليل جبران
كُتبُ تاريخٍ وأدبٍ وفلسفَةٍ
وحربٍ وحبٍّ وأسَي
كيفَ لي أن أعرِفَ بأيّ كتابٍ تختَبئُ؟
أفتَحُ مسرحيّةً مِن تأليفِكَ
أجلسُ علَى كُرسِيِّكَ الجلدِيِّ الأخضَرِ
كأنَّ ذاكَ الكرسيَّ يعانقُني ترحيبًا
أقلِّبُ صفحاتٍ صفراءَ
ها هي البطلَةُ
وشَعرُها الطَّويلُ
يملأُ الصَّفحاتِ
وتعبقُ الأوراقُ
برائحةِ عِطرِها
مسكٌ عربيٌّ
يعانقُ رحيقَ الفانيليا
ورمشٌ أصيلٌ

يأسرُ قلبَ الكاتبِ

كَتَبَها كأنَّما

كانَ يكتبُ

عشقَه المستحيلَ

أجدُ بطلةً تُشبِهُني

أقرأُ تلك المسرحيَّةَ وأقلِّب أوراقَها

فإذ بحنينَ تبحثُ عن شاعرِ الياسمينِ

تُرَى تلك المسرحيَّةَ كوميديَّة أم تراجيديَّة؟

أتَراكَ كنتَ تعرفُ

أنّي سأقرؤُها يومًا ما؟

كلُّ شيءٍ يقولُ إنَّكَ كنتُ تنتظرُ ذلكَ اللِّقاءَ أيضًا

فإذ بحنينَ تَجرُؤُ على مَا لَم أجرُؤْ

وهناكَ بينَ البساتينِ وتحتَ الياسمينِ

دخلَت حنينُ إلَى عالمِكَ الجلديِّ

المعطَّرِ بروائحِ التبغِ

لَم تُدرِكْ أنَّها ستُصبِحُ

رهينةً تلك الأحجيةِ الشائعةِ

سألَت عنكَ في ذاكَ الحيِّ العتيقِ

وفتَّشَت عنكَ في دورِ العبادةِ

وفي المَدارسِ والمكتباتِ وفي الجامعاتِ

وإذ بها تسألُ فلانًا وفلانة

هل لمحَكَ أحدٌ

وتجمَعُ بينَ السُّطورِ

ذِكرى لكَ هنا وكلمةً طيّبةً هناك

ولا أحدَ يقولُ لها أينَ أنتِ

أمعنتُ بقلبِ الصَّفحاتِ

أريدُ أن أعرفَ

خاتمةَ حنينَ وشاعرِ الياسمينِ

تراه موجودًا أم اخترعَته؟

كلُّ شيءٍ فجأةً يبدُو غامضًا

دراميًّا

أَمَا آنَ الأوانُ

أن تُنصِفَ بطلَةَ مسرحيَّتِكَ

أتَرَاكَ علَى الورقِ قاسيًا أيضًا

كنتَ ترحلُ حتَّى بينَ الحروفِ

فجأةً أصبحَت أوجاعُ حنينَ قضيَّتي

أصبحتُ أفتِّشُ معها بينَ الأوراقِ

فكنتُ أقلِّبُ الصَّفحاتِ بحثًا عنِ الخاتمة

وعندما فتحتُ الصَّفحةَ الأخيرةَ

شمَمتُ رائحةَ عطرِكَ وتبغِكَ

كاد قلبي لا يتحمَّل سرياليةَ المشهدِ

فحنينُ تقفُ وجهًا لوجهٍ معَ شاعرِ الياسمِين

وسمعتُ صهيلَ أحزانِها

كأنَّ الورقَ يئنُّ لشَوقِها

والتفَت شاعرُ الياسمين

تلكَ القامةُ المهيبةُ

والعيونُ الآسِرةُ الحالمة

وامتَدَّت يدُه بالسَّلامِ

كأنَّها تنتشلُها مِن بحرِ الحَيرةِ

كأنَّها تنقذُها مِن الغرقِ

كأنَّها تعيدُها إلى مكانِها

كأنَّها كانت ولَم تكُن

ألفَ أغنيةٍ وأغنية

وألفَ لحنٍ شاردٍ في عينَيها

هاربٍ مِن زمنِ الحنينِ

ولكنَّ شاعرَ الياسمِين نَبيَ حنينَ

شاعرُ الياسمينِ لَم يكُن أبدًا

مِن زمنٍ حنين

اهتزَّتِ الكراسيُّ

واهتزَّت تماثيلُ الفلاسفةِ

علَى طاولَتِكَ الجلديَّةِ

مِن صدمتي يا سيِّدي

سأُدخِلُ أوراقَكَ

ما همَّني أن أخليتُ بالزَّمنِ

ما همَّني أن غيَّرتُ مجرَى القصَّة

لأُنصِفَ حنينَ

فهي ضائعةٌ

ولا يُمكِنُ أَن يُنقِذَها

سِوَى شاعرِ الياسمين

وفي قلبِ المأساةِ الشِّعريَّةِ

غرقَت حنينُ

ومعَها آخِرُ آمالي

أن أضمَّ عينَيكَ مرَّةً

وخلفَ شجرةِ الياسمين

أختَبِئُ وأراقِبُكَ

ألوانُ زمانِكَ يا سيِّدي

تُشبِهُ مكتبَكَ وطاولَتَكَ

والياسمين هنا رائحتُه كتَبغِك

وهأنتَ تلتفتُ خلفَك

أتسمَّرُ مكانِي

تخيَّلتُ تلكَ اللَّحظةَ آلافَ المرَّاتِ

وتمرَّنتُ عليها بعددٍ

لا يُحصَى مِن الثَّواني

فما بالي أضحيتُ واحدًا مِن تماثيلِكَ

أكسرُ غيبوبةَ الصَّمتِ بتنهيدةٍ

وتلتفتُ إليَّ العيونُ السُّودُ

ويصرخُ قلبي مِن ألَمِ جمالِها

لا يا سيِّدي

لَم تُنصِفُ الأوراقُ عينَيك

ولَم تكُنِ الحروفُ عادلةً

وابتسمتُ

وشرَعتُ أُلمِلمُ قلبي

بينَ ورِد الياسمينِ

وأمسكت بيدي

ومشَينا خلفَ باحةِ المنزلِ العتيق

تطاردُنا حنينٌ والتَّبغُ والياسمين

وتصرخُ بنا التماثيلُ

وتلومُنا القصةُ إذ كتَبنا خاتمةً أخرى

ورغمَ الضجيجِ

أسمعُ صوتَ أشعارِك

ونبتَسِمُ سَوِيًّا

نمشي في ذاكَ الزَّمنِ الجميلِ

غيرَ مهتمِّينَ بما كانَ وسيكونُ

ففي مسرحيَّاتِكَ يا سيِّدي

كلُّ شيءٍ ممكنٌ

وفي مكتبتِكَ الجلديَّةِ

لا يوجدُ مستحيلٌ

ما همَّني أن كسرتُ الزَّمنَ وخُنتُ القدَرَ

قضَيتُ عُمري أبحثُ عن شاعرِ الياسمين

وسأقضي باقي الزمنِ

أهيمُ في تبغِ العيونِ السُّودِ

ذاك تشرين

أبيعُ شِعري هل تشتري

بنظرةٍ ولهانٍ ونصفِ دمعةٍ؟

أبيعُ شِعري

فهل مِن مشترٍ

أوراقًا ممزَّقةً وتنهيدًا؟

ذاك تشرينُ وقعتُ في حبِّ عينَيكَ

وذابَ قلبي في الهَوَى

خضراءُ العينَينِ كمدِّ مروجٍ

على وسعِ النَّظرِ

بيضاءُ الثلجِ والمطرِ

ككانونِ الثاني

والشَّعرُ الأسوَدُ

يعانقُ الخصرَ الكحيلَ

نَعم لقد وقعتُ في حبِّ العيونِ السُّودِ

وسقطَ قلبي في الهَوَى

مع كلِّ التفاتةٍ ودمعةٍ

كم مِن وردةٍ استُشهِدَت

لتعطيَ تلكَ الشِّفاهَ حمرتَها

قدرٌ لي أن أكتبَكَ في جميعِ أيّامي

وقدرٌ لكَ أن تقرأَ سيِّدَة تجيدُ الرَّقصَ

علَى نغماتٍ بطيئةٍ مِن الحنينِ

هذا الإثنين لن أكتبَ أنَّني سأراكَ

وسأدوّنُ أنَّكَ الثلاثاءُ لن تأتيَ

وسيبقَى قلبي بانتظارِ بقيّةِ الأسبوعِ

علَّكَ تتقنُ رقصةً أخيرةً

رقصةً أخيرةً على دقَّاتِ قلبي

رقصةً فضيّةَ الملامح ذهبيَّةَ اللِّقاءِ

معطف مِن الحزن

الغريبُ أنَّ الحزنَ يلبسُكَ كمعطفٍ أبديٍّ

يُحكِمُ إغلاقَ الألَمِ

جرعةٌ زائدةٌ مِن القدَرِ

علَّقتُ عليها معطَفِي

أسدلتُ شَعرِي

ومشيتُ

لَم أومِنْ يومًا بالنِّهاياتِ

بل عشقتُ البداياتِ

وما بينَها

منذ أن وضعت تلك الوردةَ الحمراءَ في شَعرِي

تأبَى الخُصَلُ النِّسيانَ

وتحنُّ العيونُ إلى كانونِ الأوَّلِ

وكانونِ الثَّاني

وما بينَ بينَ

رجلٌ مسرحُ الغموضِ

أُحبُّكَ

وأُحِبُّ حبَّكَ

وما بينَ بينَ

رجلُ الابتسامةِ الساخرةِ أعشقُكِ

وأعشقُ عِشقَكِ

وما بينَ بينَ

أُبرمُ صفقةً مع النسيانِ

أعطيه وردةً وآخذُ ذكرى

أمشي بينَ بيوتِ الجبلِ

ومحلَّاتِ الخُضرِ

أتباهى بحبِّكَ المكتوبِ على وجنتي

أقطفُ زهرةً هنا وشوكةً هناك

وما بينَ بينَ

أُنصِتُ لجارتي

تُخبرُني ملاحمَ الليرةِ والدُّولارِ

وما بينَ بينَ

أشتري سكاكرَ مِن لونِ شفتَيكَ

وأمشي راقصةً مرحةً

أفكِّرُ في موعدي معكَ البارحةَ

واليومَ

وما بينَ بينَ

أصِلُ تحتَ شباكِ غرفتِكَ

وأنتظِرُ علَّكَ تُطِلُّ

كمَلكٍ يتفقَّدُ أحوالَ رعيَّتِهِ

ضمَّةٌ مِن الخلفِ وألتفتُ

تحكمُ إغلاقَ المعطفِ على خصري

وتشدُّني نحوَ عينَيكَ

وما بينَ بينَ

يا أمي

سقيتُ قبرَكَ بدمِي ودموعي
علَّكِ تنبتين كتلكَ الزَّهرةِ المستحيلَة

يا أمِّي
تنحَني أبياتُ شِعري
أمامَ وجعِ فقدانِكِ
فنجانُ قهوتِكِ وعلبةُ سجائرِكِ
أيتامٌ يا أمِّي

يا أمِّي
ترحلين ناعمةً حنونًا حالمةً
تسافرين مع آخِرِ رمقٍ مِن الرَّبيع

حنِيني يناديكِ

والمِشـوارُ موجوعٌ ينزفُ

يا أُمِّي

ابقي قليلًا

براعمُ الزيتونِ خجولةٌ

لا حياةَ لها مِن دونِكِ

يا أُمِّي

كم ملعقةِ ألمٍ شربتُ

مع قهوةِ عزائِكِ

كم شريطِ ذكرياتٍ انبَرى

على لسان محبيك

يا أُمِّي

ها قد أَتَوا جميعًا

يمشُون خلفَكِ منكسِرين

عاتبينَ على زمنِ الفِراقِ

مرتّلينَ اسمَكِ

شاربينَ كأسَ فِراقِكِ

المرَّ كالعلقَمِ

يا أمِّي

أتلوَّى معكِ فِعلَ الوداعِ

مزمورَ النَّدامةِ

وفرمانَ العشقِ المستحيلِ

كَسَرتِ قلبي يا أمِّي

يُتِّمتُ مرَّتَينِ

بكى لبنان فأبكى العرب

بكَى لبنانُ فأبكَى العربَ

دمعةٌ جائعةٌ وأخرَى لاجئة

قد بكَى لبنانُ فأبكانَا

عيونُ بيروتَ النَّاعسة

المكحلةُ بليالٍ صيفيَّةٍ

عيونُ بيروتَ بكَت دمًا

عيونُ بيروتَ فجرَت

فهل مِن شكوى تُسمَعُ؟

وهل مِن طاغيةٍ يُعيرُ بيروتَ عيونَه؟

بيروتُ صارَت وجعَ الدُّنيا

أبَى نيرونُ إلَّا أن يحرقَ مَرفأَها

وما عادَ للسفنِ مرسًى

سِوَى أحلامِنا

ضاعَت بيروتُ

بثلاثينَ فضةً وحفنةٍ مِن ضميرٍ

مساحة مِن الحرية

سوف نحيَا رغمَ أنفِ الحاقدين

سنضحكُ فوقَ كيدِ المقهورين

وإن لمحُوا ابتسامةً تلعبُ في أحداقِنا

سنُخبرُهم أنَّها نجمةٌ وُلِدَت مِن كُرهِهِم

كتلكَ الماسةِ مِن رحمِ المناجِمِ

نفوسُهم داكنةٌ لا تضيئُها ألفُ شمعةٍ

مثلَ قلوبِهِم المحمَّلةِ بالعارِ

استكثَروا علَينا فرحةً هنا ونصرًا هناكَ

وقالوا فِينا ما يختبئُ بأعماقِهِم

فإذَا فرِحنا لفرحِهِم حزنُوا

وإذَا أعطيناهم كتفَنا للبكاءِ

أخذوا مساحةً مِن الحريَّةِ

واغتالُوا الوفَا

نسُوا أنَّ الكبارَ يُولَدون مِن الكبارِ

وأنَّ حسدَهم أصغَرُ مِن أن يُرى

وأكبرُ مِن أن يُدانَ

ننتصرُ دائمًا لأنَّ جبينَنا مكلَّلٌ بالغارِ

ورغيفُنا مغمسٌ بالمجدِ

يأيُّها الحاقدون المقهورون المتكهّنون على رفوفِ العدمِ

هل تُعيرُونا بعضًا مِن القسوةِ

وفرضًا مِن اللامبالاة؟

لَم تعُد أفواهُكُم تَعنِينا

وما غدَونا مرآةً لشكواكم

نحن ننصهرُ حبًّا ونورًا

نشعُّ كبرياءَ

سنحلِّقُ فوقَ كلماتِكم

تاركين قواريرَ المرِّ وراءَنا

وإن نظَرنا فلن نراكُم

وإن حضرتُم طارقينَ بابَ الذِّكرى

سنُهدِيكم ذالكَ البابَ محمَّلًا بنِسيانِكم

في ختام الهوى

في ختامِ الهوى

وبين براكينِ الراقصين

وأُنوفِ الحاقدين

ألتمِسُ طريقًا إليكَ

أفتِّشُ عن دربٍ

أحاولُ أن أكتبَكَ في قصَّتي

أسافرُ خلفَكَ المحيط

فحُبِّي لكَ

لا يحملُ تاريخًا

أرفضُ أن تقعَ حروفُ اسمِكَ

مِن دفتَري

وأنتفِضُ حينَ أسمَعُهم

يهمِسون.. أنتَ لستَ لي

كيف تأخذُ قلبي

وتملكُ قطعةً منِّي

ولا تكونُ لي؟

أنتَ ألـفٌ لي

أقرأُ قصصَ الحبِّ

علَّني ألمحُ نهايتَنا

ربَّما أجدُ أبطالًا يُشبِهوننا

أبحثُ في مخطوطاتٍ قديمةٍ

لأشرعَ حبِّي لكَ

كلُّ الطُّرقِ إليكَ منتهِيةٌ

وعبورُها أشـواكٌ وأسلاكٌ

وتبقَى تلك الأغنيَّةُ في أعماقي

أغنيةٌ مستحيلةٌ

أدَندِنُها في نزهاتِ البحرِ

ويتردَّدُ صداها

عندما أمشي

بينَ أشجارِ ضَيعَتي

أسترجِعُ شريطَ حبِّكَ

وأسألُ فنجانَ قهوَتي

هل تكونُ يومًا لي؟

يهمسُ فنجاني بأنَّكَ مِن غيرِ زمنٍ

ومِن غيرِ هوَى

أرتشِفُ شفةَ قهوةٍ

وأختارُ أن أكملَ قصتي معكَ على الورقِ

فالأوراقُ أحنُّ مِن القدَرِ

والقلمُ سيُنصِفُ عينَيكَ

مِن أفواهِ الحاقدين

ألبسُ فستاني الطويلَ

والكعبُ العالي يعانقُ أقدامي

أسدلُ شعرِي على خصري

وأكحلُ عينيَّ بشوقٍ لكَ

وأضعُ أحمرَ الشِّفاهِ

فلَنا اليومَ موعدٌ مع الورقِ

اليومَ سأكتبُ نهايةً لقصةِ الياسمينِ

سأضعُ على الورقِ

سيمفونيَّةً شاعرةِ الياسمين

ورجلِ المستحيلِ